PLANIFICACIÓN FAMILIAR
natural

Un enfoque católico

Mary Lee Barron PhD, RN, FNP-BC

LIBROS LIGUORI
One Liguori Drive ▼ Liguori, MO 63057-9999

Imprimi Potest:
Thomas D. Picton, C.Ss.R.
Provincial, Provincia de Denver
Los Redentoristas

Imprimatur:
Excmo. Sr. Robert J. Hermann
Obispo auxiliar, Arquidiócesis de St. Louis

© 2009 Libros Liguori
Liguori, MO 63057-9999
ISBN 978-0-7648-1855-4
Impreso en los Estados Unidos de Norteamérica
16 15 14 13 12   5 4 3

La ilustracione anatómica en la página 21 es del *Marquette Manual of NFP* por Richard Fehring, PhD, RN. Derechos de reproducción © 1999, Marquette Institute of Natural Family Planning. Derechos reservados. Usadas con permiso de Marquette Institute of Natural Family Planning, Milwaukee, WI.

Se chequearon los sitios Web el 9 de septiembre del 2009.

Las citas bíblicas son de *Biblia de América*, cuarta edición 1994.

Liguori Publications, corporación no lucrativa, es un apostolado de los Redentoristas. Para saber más acerca de los Redentoristas visite Redemptorists.com.

Para hacer pedidos llame al 800-325-9521
www.librosliguori.org

INDEX

INTRODUCCIÓN

Escribo este libro desde la perspectiva de una mujer laica católica, de una esposa, de una madre, de una enfermera cuya especialización es la salud de la mujer y de una maestra de la planificación familiar natural (PFN).

Como maestra de la PFN yo trato con parejas que se preparan para el matrimonio y con otras que ya están casadas. Algunas ya usan anticonceptivos sin darse cuenta de cómo los anticonceptivos afectan su relación y su fe y cómo afectan también el cuerpo de una mujer. Además, muchas parejas saben muy poco acerca de cómo funcionan sus cuerpos y los anticonceptivos.

Es irónico que hoy día las parejas tengan muy poca información acerca de los fundamentos de la reproducción aunque hay tanta información y tantos argumentos acerca de "la educación sexual detallada". Los profesionales médicos tienen la obligación de aconsejar a los pacientes de los posibles efectos secundarios de todas las medicinas y de cómo funcionan, pero las personas también deben asumir la responsabilidad de informarse acerca de las medicinas que toman.

Algunas parejas con quienes trato ya han decidido usar la PFN en vez de anticonceptivos químicos o artificiales. Considero que ha sido una bendición para mí escuchar lo que ellas dicen del efecto que la PFN ha tenido en sus matrimonios. A menudo estos cónyuges comparten la alegría y son generosos el uno con el otro y con los demás. Y han descubierto una ventaja adicional de la PFN: las mujeres que llevan una cuenta de sus ciclos saben cómo sus cuerpos funcionan, y los profesionales médicos encuentran que esa información detallada que las mujeres tienen es muy provechosa cuando reciben cuidado médico.

Todas las parejas en mis clases se dan cuenta de que si quieren vivir su alianza conyugal a plenitud y practicar la castidad en su matrimonio, la Iglesia está lista para ayudarlas a alcanzar esa meta.

Las otras razones para usar la PFN van más allá de la biología, y yo también voy a explicar la perspectiva de la fe de la PFN. Si permiten que esas razones les conmuevan el corazón, entonces empezarán a comprender la alianza conyugal como algo que se basa en la belleza de los mandamientos de Dios:

> *Lo que hacemos con nuestros cuerpos expresa nuestras convicciones más profundas—lo que creemos acerca de nosotros mismos, de Dios, del significado del amor y del orden del universo. Cuando tomamos en serio la opinión de la Iglesia de que el cuerpo es un sacramento, comprendemos que la unión sexual no es sólo un proceso biológico, sino un proceso teológico profundo: "Gran misterio es éste, que yo relaciono con la unión de Cristo y de la Iglesia" (Efesios 5:32).[1]*

Este librito es sólo una introducción a la PFN, y después de leerlo seguramente van a tener preguntas. Por favor, busquen información adicional al consultar a algún profesional médico, de la PFN y/o a un miembro del clero.

Notas

1. West, Christopher. 2003. "God, Sex, and Babies: What the Church *Really* Teaches about Responsible Parenthood." *This Rock* 14, no. 9 (noviembre). www.catholic.com/thisrock/2003/0311fea3.asp

LA ENSEÑANZA CATÓLICA

El amor conyugal

Y creó Dios a los seres humanos a su imagen; a imagen de Dios los creó; varón y mujer los creó. Y los bendijo Dios diciéndoles: Crezcan y multiplíquense (Génesis 1:27–28).

La historia de la creación es un llamado al amor. Cuando leemos la historia de Adán y Eva antes de la caída, entendemos el llamado original que Dios nos hace—no sólo un llamado de amor, sino también de belleza, un llamado en el que nos entregamos totalmente los unos a los otros. Y tenemos que fijarnos en que el *primer* mandamiento que Dios le dio a la humanidad fue "crezcan y multiplíquense".

Después de la caída, Adán y Eva se dieron cuenta de que estaban desnudos y trataron de cubrirse. La relación original cambió. Ahora, lo que tratamos de alcanzar en nuestras relaciones es esa visión de la belleza para la que Dios nos creó. Sentimos esto en nuestros deseos más profundos: amar y ser amados. En este pasaje del Génesis, el hombre y la mujer son creados para la unión. Se convierten en un solo cuerpo. Ante todo, este amor es plenamente humano. O sea, que consiste del cuerpo y del espíritu.

Al unir sus cuerpos, el hombre y la mujer se convierten en un solo corazón y una sola alma (Pablo VI, Encíclica De la vida humana *Humanae Vitae* [HV], 9) a imagen de Dios.[1] Esta relación especial es una opción que tanto el hombre como la mujer tienen que hacer libremente.

El matrimonio entre las personas bautizadas representa la unión de Cristo y la Iglesia (*HV*, 8). El amor conyugal debe ser total, fiel, exclusivo e indisoluble. Durante el Rito del Matrimonio católico el sacerdote les pregunta a los novios si han venido a contraer matrimonio por su libre y plena voluntad, si van a amarse y honrarse mutuamente durante toda la vida y si están dispuestos a recibir con amor a los hijos que Dios les dé. O sea, que el matrimonio es una entrega total *sólo* al cónyuge y *de por vida*.

Como Jesús dijo, "De manera que ya no son dos, sino uno sólo. Por tanto, lo que Dios unió, que no lo separe el hombre" (Mateo 19:6). La Iglesia considera la relación entre los cónyuges como una vocación noble, sagrada y sacramental porque somos imágenes de Dios y porque Dios ha creado esta relación por medio de su amor divino.

El sacramento del Matrimonio es el medio original de santificación para las familias y los cónyuges cristianos (Juan Pablo II, La familia cristiana en el mundo actual; *Familiaris Consortio* (*FC*), 56).[2] La unión matrimonial no se debe considerar como una carga o como algo que Dios nos impone. La gracia del sacramento ayuda a la pareja a vivir junta, a seguir a Cristo, a experimentar la alegría, a nutrirse mutuamente y nutrir su amor. Las alegrías de su amor y de su vida familiar les da una anticipación del banquete celestial (*Catecismo de la Iglesia Católica*, 1641–1642).[3]

Lo que el cuerpo significa

El papa Juan Pablo II dijo que el cuerpo humano representa a Dios y todos sus misterios. Dios usa nuestros cuerpos para revelar su verdad. Jesús nos enseña que el significado de la vida yace en que nos amemos los unos a los otros: "Mi mandamiento es éste:

Amense los unos a los otros, como yo los he amado" (Juan 15:12).

¿Cómo nos amó Cristo? Él dio su vida por nosotros. El amor que Dios siente por nosotros se hace carne en Jesucristo. El amor es una realidad del cuerpo humano. Por consiguiente, cuando le entregamos nuestro cuerpo a otra persona, amamos como Cristo nos amó. El cuerpo es capaz de hacer visible lo invisible: lo espiritual y lo divino. El cuerpo revela el misterio invisible de Dios.

Entonces, el amor conyugal es diferente de cualquier otro tipo de amor. Por el mero hecho de que dos se convierten en uno, este tipo de amor se dirige hacia Dios y hacia la otra persona. Cuando la pareja crea una nueva vida, la pareja coopera con los designios de Dios. El amor conyugal es unificador y procreador, o sea, que da amor y da vida. Los actos sexuales entre los cónyuges representan el amor de Dios por su creación. El amor que Dios siente por nosotros nunca es estéril. Por lo tanto, la expresión de amor entre los cónyuges nunca puede ser estéril adrede.

Los hijos son regalos de Dios

La herencia que el Señor da son los hijos, el fruto de las entrañas es su recompensa: como flechas en manos de un guerrero así son los hijos nacidos en la juventud. Dichoso el hombre que llenó con esas flechas su aljaba: no será humillado cuando se enfrente con sus enemigos en el tribunal. (Salmo 127:3–5).

En general, las personas que están a favor de la anticoncepción empiezan con el resultado, el fruto de la unión conyugal, una opinión que expresa que los hijos son algo negativo. La imagen ideal que nuestra cultura tiene es una en la que la mayoría de las familias aparecen con dos hijos, preferiblemente con un niño y una niña. El embarazo que no se planea ocurre en el cincuenta por ciento de las parejas que usan contraceptivos y la solución siempre incluye más anticonceptivos. El aborto se ofrece como la solución cuando el anticonceptivo falla (Casey v Planned

Parenthood, 1992).

El problema al enfocar este asunto desde el punto de vista del resultado es que se elimina la discusión de las causas y de la toma de decisiones o de los comportamientos que llevaron al fruto.

La Iglesia enfoca el asunto desde un punto de vista totalmente opuesto, empezando con la santidad del acto conyugal—su significado y su razón de ser. Estos dos significados, dar amor y dar vida, no se pueden separar como tampoco se puede separar el sacrificio de Cristo de nuestra redención.

Nuestra "cultura de la muerte", dice que el embarazo y los hijos son "fracasos anticonceptivos". Generar nueva vida y la belleza de la creación de Dios nunca se deben considerar como "fracasos".

Intenciones

Algunas personas dirían que usar anticonceptivos es igual que abstenerse de tener relaciones sexuales durante el período fértil porque el resultado es el mismo. Sin embargo, el fin no justifica los medios. Las parejas que usan anticonceptivos están controlando deliberadamente su fertilidad. Con el cuerpo dicen, "te amo, pero no te amo totalmente. No amo tu fertilidad". Las parejas que usan la PFN no están practicando la anticoncepción—al entregarse plenamente el uno al otro en cuerpo y alma, están preservando la integridad del sacramento.

En los designios de Dios, las mujeres por naturaleza son infértiles por muchos días durante el ciclo de menstruación. Durante estos días, el acto conyugal promueve la unión, pero también puede causar nueva vida. No se peca al abstenerse de las relaciones conyugales. De hecho, a veces las parejas deciden abstenerse cuando, por ejemplo, se sufre de una enfermedad o del estrés.

¿Y qué de las parejas que tienen una razón seria para evitar el embarazo? ¿Se supone que las parejas dejen que la suerte determine el tamaño de sus familias? La Iglesia no espera que las parejas hagan esto. La Iglesia ha tratado el asunto de la paternidad responsable

(*HV* 10). Puede que las parejas decidan tener o no tener una familia grande. Esa decisión sólo le pertenece a los cónyuges. La Iglesia los anima a tomar esa decisión en un espíritu de generosidad, pero cumpliendo con la responsabilidad que tienen con Dios, el uno con el otro, con los hijos ya nacidos y con la sociedad.

Con respecto a la ley moral, las razones para limitar el tamaño de la familia pueden incluir condiciones físicas, económicas, sicológicas y sociales. Dios nos dio la inteligencia para regular nuestra fertilidad, pero esa decisión se tiene que tomar de una manera moral.

La formación de la conciencia

Para evitar el mal tenemos que hacer el esfuerzo por saber lo que es verdadero y bueno. Por lo tanto, la Iglesia llama a todos los seres humanos a formar su conciencia. La formación de la conciencia es un proceso de por vida. La misma nos ayuda a tomar la decisión correcta de acuerdo a la razón y a las leyes de Dios.

La Iglesia nos ayuda con la toma de nuestras decisiones morales, nos explica por qué algunas decisiones tienen una buena base y son buenas en lo que se relaciona con lo espiritual, y por qué otras no lo son. Piensen en todos los recursos que tenemos a nuestra disposición: el consejo y las homilías de los sacerdotes, los sacramentos, la educación católica, el *Catecismo de la Iglesia Católica*, los documentos de la Iglesia y los dones del Espíritu Santo.

La PFN como un regalo

La PFN es un medio por el cual aprendemos a vivir con la fertilidad. La fertilidad no es una enfermedad.

Muchas parejas encuentran que vivir de acuerdo a la PFN les da un mayor entendimiento de su fertilidad, que le pierden el miedo a sufrir efectos secundarios médicos, que aumenta su comunicación, que las anima a compartir más y a ser más generosas, que fomenta su fuerza de voluntad en cuanto al sexo y que les da la paz para cumplir con sus creencias espirituales, religiosas, culturales y/o éticas.

La PFN requiere que las parejas se reverencien intensamente, que respeten sus cuerpos y que desarrollen otras maneras de comunicarse su amor. La abstinencia periódica anima a las parejas a concentrarse en aspectos de su relación que van más allá de lo físico y que resultan en un efecto de "luna de miel". La sexualidad considerada en su totalidad no es sólo física—tiene aspectos espirituales, emocionales y sicológicos. Ninguno de los cónyuges da al otro por sentado.

La cooperación y la motivación mutua que la PFN fomenta a menudo influyen otras áreas. Las parejas encuentran que es más fácil discutir otros asuntos como las finanzas, la crianza de los hijos y la familia cuando pueden comunicar lo que esperan de la PFN.

El beneficio más importante de la PFN es que les permite a los cónyuges que vivan el regalo mutuo de su entrega personal, que es un elemento esencial del matrimonio. La Iglesia valora el amor conyugal sexual. La PFN nos permite que seamos auténticos en esa expresión de nuestro amor.

Notas

1. Pablo VI. 1968. Encíclica sobre la regulación de la natalidad (*Humanae Vitae*). www.vatican.va
2. Juan Pablo II. 1981. La misión de la familia cristiana en el mundo actual (*Familiaris Consortio*). www.vatican.va
3. *Catecismo de la Iglesia Católica*. 1994. www.vatican.va

2

INFORMACIÓN DE FONDO

Desarrollos de la teología del siglo veinte

Muchos cristianos no se dan cuenta de que antes de 1930, *todas* las iglesias cristianas se oponían a la contracepción como algo anormal y por lo tanto, que interfiere con los designios de Dios para la sexualidad humana. Esta enseñanza común y constante cambió en 1930 en la Conferencia Lambeth, cuando los anglicanos permitieron el uso de anticonceptivos de una manera limitada—sólo por razones extremadamente serias. Otros grupos religiosos rápidamente aceptaron este cambio. Como respuesta, el papa Pío XI publicó su encíclica sobre el Matrimonio cristiano (*Casti Connubii*)[1] el 31 de diciembre de 1930.

Esta encíclica es una bella explicación de la enseñanza cristiana sobre el matrimonio y el control de la natalidad y la conservación de la pureza y la castidad de la unión conyugal. El papa Pío dijo que al interferir con el resultado natural de las relaciones matrimoniales—concebir a un bebé—el uso de los anticonceptivos era una ofensa contra las leyes de Dios y de la naturaleza. Él afirmó claramente la enseñanza de que la anticoncepción era un pecado grave (*CC* 56).

Durante la segunda mitad del siglo XIX, al Vaticano se le hicieron preguntas relacionadas con la moralidad de limitar las relaciones matrimoniales sexuales al período de infertilidad, y se había aprobado la práctica aun antes de que se descubriera su base científica. Pío XI consideraba la abstinencia durante el período fértil como aceptable en cuanto a la moral (*CC* 59).

Desde entonces, por supuesto, hemos tenido más apoyo de la doctrina por Pablo VI (*Humanae Vitae*), Juan Pablo II (*Familiaris Consortio, Veritastis Splendor*), la Congregación para la doctrina de la fe (La dignidad de una persona [*Dignitas Personae*]) y en muchas otras.

Cuando los primeros anticonceptivos orales aparecieron en 1960, algunas personas en la Iglesia abogaron por que se volviera a considerar la enseñanza católica. En 1963 el papa Juan XXIII estableció una Comisión papal anticonceptiva de seis personas europeas que no eran teólogas. El papa Pablo VI añadió teólogos a la comisión, y durante los próximos tres años, la expandió hasta incluir setenta y dos miembros de cinco continentes, incluyendo a tres matrimonios.

En 1965 el Concilio Vaticano Segundo publicó la Constitución pastoral sobre la Iglesia en el mundo de hoy (*Gaudium et Spes*).[2] Este documento discute el verdadero significado de nuestra humanidad y de la dignidad humana por ser creada a imagen de Dios. La naturaleza sexual de los hombres y las mujeres se describe como algo que sobrepasa la de los grados inferiores de la vida. La intimidad conyugal se debe respetar y ordenar según la dignidad humana. Los Padres conciliares reconocieron que puede que a veces las parejas tengan que limitar o determinar el tiempo que debe pasar entre cada embarazo pero que tienen que hacerlo estando siempre dispuestos a aceptar nueva vida y cultivando la castidad conyugal, no con métodos artificiales de regular la natalidad (51).

En 1968, antes de que Pablo VI publicara su encíclica sobre la regulación de la natalidad (*Humanae Vitae*),[3] muchas personas esperaban que él revocara la enseñanza de años de la Iglesia. Sin embargo, *Humanae Vitae* declara específicamente que la disciplina de los esposos de regular la natalidad no perjudica el amor conyugal, sino que le confiere un mayor valor humano y favorece la atención al otro cónyuge. Esto ayuda a superar el egoísmo, crea una mayor responsabilidad y ayuda en la educación de los hijos, enriqueciendo el matrimonio con valores espirituales de serenidad y de paz (21).

Pablo VI proféticamente escribió que la aceptación de los métodos de regulación artificial de la natalidad resultaría en varias consecuencias negativas, entre ellas "la degradación general de la moralidad", un resultado del uso de prácticas anticonceptivas. También existiría el peligro de que el hombre acabe por perderle el respeto a la mujer, llegando "a considerarla como simple instrumento de goce egoístico" y un abuso del poder por las autoridades públicas al socavar a las familias (HV 17).

Se criticó a Pablo VI por unir la esterilización y el aborto a la anticoncepción, sin embargo el aborto se legalizó en los Estados Unidos unos cinco años más tarde. Y la política de China de sólo tener un hijo prueba que los gobiernos pueden usar el control artificial de la natalidad para imponer el control de la población.

Juan Pablo II continuó la posición del papado en contra de la contracepción con una serie de conferencias sobre la teología del cuerpo humano[4] en las cuales habló de la unión original entre el hombre y la mujer, la pureza de corazón, el matrimonio y el celibato, concentrándose más que nada en la paternidad responsable y la castidad conyugal. Él describió específicamente la práctica de la contracepción artificial como un acto que la enseñanza católica no permite bajo ninguna circunstancia. Su encíclica *Veritatis Splendor*[5] también aclara el uso de la conciencia para llegar a la toma de decisiones morales, incluyendo el uso de la contracepción.

En 1987 la Congregación para la doctrina de la fe publicó la Instrucción sobre el respeto de la vida humana naciente y la dignidad de la procreación: respuestas a ciertas preguntas (*Donum Vitae*)[6], la cual afirmó que desde el momento de la concepción, la vida de cada ser humano debe respetarse de una manera absoluta y que Dios crea el alma espiritual de cada ser humano. La vida humana lleva grabada la imagen de Dios y es sagrada (18) y siempre tendrá una relación especial con Dios (19). Ningún ser humano tiene el derecho de matar de modo directo a otro ser humano (20).

Debido a la dignidad de los hijos y de los padres, *Donum Vitae* declara que la producción de embriones humanos que se obtienen *in vitro* nunca es aceptable. Mientras que el deseo de tener un hijo es algo bueno y natural, una pareja no tiene el derecho de obtenerlo por cualquier modo posible. Un hijo es un regalo, no una cosa que los adultos tienen derecho a manufacturar, manipular o destruir. Un hijo es una persona cuyos derechos individuales y cuya dignidad se tienen que respetar y salvaguardar. Un hijo tiene derecho a venir al mundo y a educarse en el matrimonio (*DV* 35).

En 1995, la encíclica de Juan Pablo II sobre el valor y el carácter inviolable de la vida humana (*Evangelium Vitae*)[7] introduce los términos de la "cultura de la vida" y la "cultura de la muerte" (21). Empezando con una visión de conjunto de las amenazas pasadas y presentes a la vida humana, la encíclica da una historia breve de las muchas prohibiciones bíblicas en contra de cualquier atentado contra la vida, y entonces discute el aborto, la eutanasia y la pena de muerte en relación con estos pasajes bíblicos. La encíclica destaca la importancia de tener una sociedad edificada alrededor de la familia en vez de alrededor de un deseo de mejorar la eficacia y enfatiza el deber que tenemos de cuidar a los pobres y a los enfermos. Somos llamados a transformar nuestra cultura. Para lograrlo tenemos que formar nuestra conciencia para valorar toda vida humana. Tenemos que volver a establecer la conexión entre la vida y la libertad, que son inseparables. La libertad no puede existir cuando no se valora la vida. Y no se puede vivir la vida a plenitud sin la libertad (125).

En 2008 la Congregación para la doctrina de la fe mantuvo la dignidad de toda vida humana, del matrimonio y de la reproducción humana con la encíclica La dignidad de una persona (*Dignitas Personae*),[8] en la cual se reafirma y se les aplican los dos principios básicos de *Donum Vitae* y de *Evangelium Vitae* a nuevas preguntas que el progreso científico y tecnológico ha generado:

Se debe respetar al ser humano y se le debe tratar como una persona con derechos desde el momento de la concepción (4).

La procreación de la prole tiene que llevarse a cabo en el matrimonio (6).

Las técnicas para ayudar a las parejas se permiten desde el punto de vista moral si respetan la vida, la integridad física de los hombres y las mujeres y la unión del matrimonio. La procreación tiene que ser el resultado del acto conyugal específico al amor entre los cónyuges. La terapia médica se debe concentrar en tratar la causa de la infertilidad en vez de en el uso de la tecnología para sustituir el acto conyugal en la concepción de un hijo (12–13).

Desarrollos científicos

En el 1920 dos investigadores, el Dr. Herman Knaus de Alemania y el Dr. Kyusaku Ogino del Japón, independientemente el uno del otro, descubrieron cómo se calcula la ovulación en el ciclo de la menstruación.

El Dr. Knaus diseñó el primer método del calendario para el control de la natalidad. El mismo se basaba en la idea de que la ovulación precede la menstruación por cerca de dos semanas. Un doctor americano, el Dr. Leo Latz, de la Universidad de Loyola en Chicago, estudió con el Dr. Knaus y posteriormente publicó el primer manual, *The Rhythm of Sterility and Fertility in Women*, en 1932. El Dr. Latz quería que las parejas pudieran aprender este método en tres minutos. Su estudio, publicado en 1942,[9] reportó 15,924 ciclos sin ningún embarazo. El método del calendario del "ritmo" de los años 1930-1950 se consideró como un método relativamente eficaz de planificar la familia.

En la década de los 30, Willhelm Hillebrand, un sacerdote católico alemán, desarrolló un sistema, basado en la temperatura basal, para evitar la concepción. Muchas parejas católicas usaron ambos métodos muchísimo hasta la década de los 60.

Con el tiempo, al obtenerse más conocimiento sobre el ciclo de la menstruación, se empezaron a usar otros elementos para calcular la ovulación. Estos incluían la observación del moco cervical, la medición de la cantidad de hormonas en la orina y los cambios químicos en el cuerpo de la mujer. Básicamente, la PFN pasó de los cálculos del período de la fertilidad basados en la duración del ciclo a la calculación basada en muchos factores.

La era moderna de la PFN verdaderamente empezó con el desarrollo del método de ovulación Billings en la década de los 60. Este método se introdujo en los Estados Unidos en 1970.

Desafortunadamente, la PFN moderna a menudo se descarta como el método del ritmo, que se abandonó en la década de los 60. Con más conocimientos científicos del ciclo menstrual y las variaciones entre las mujeres, la PFN moderna es muy eficaz cuando se trata de evitar o lograr la concepción.

En apoyo de la enseñanza de la Iglesia, se formaron organizaciones laicas como *Couple to Couple League* y otras organizaciones profesionales para promover más conocimiento de la PFN. Debido a que ninguna corporación se va a beneficiar monetariamente de la PFN, no hay representantes de ventas para diseminar información de la PFN porque no hay anticonceptivos artificiales. Puede que los doctores y los enfermeros y enfermeras hayan recibido una cantidad mínima y/o inexacta de instrucción sobre la técnica y los beneficios de la PFN porque es más fácil recetar anticonceptivos artificiales que enseñar la PFN. Las universidades católicas son inconstantes en su inclusión de la PFN en su currículo y los miembros del clero rara vez predican sobre este tema. Sin embargo, cuando se hacen encuestas entre las personas que usan la PFN, la reacción es extremadamente positiva.[10]

Muchas diócesis promueven activamente la PFN en sus programas de preparación matrimonial, estableciendo oficinas de la PFN y asignando fondos para enseñar a las parejas y educar a quienes enseñan la PFN. La Conferencia de Obispos Católicos de los Estados Unidos tiene una oficina dedicada a asuntos relacionados con la PFN (ver la página XX) y publica un foro para la investigación médica relacionada con la PFN.

Notas

1. Pío XI. 1930. Encíclica sobre el matrimonio cristiano (*Casti Connubii*). www.vatican.va.
2. Pablo VI. 1965. Constitución pastoral sobre la Iglesia en el mundo actual (*Gaudium et Spes*). www.vatican.va.
3. Pablo VI. 1968. Encíclica sobre la regulación de la natalidad (*Humanae Vitae*). www.vatican.va.
4. Juan Pablo II. 2006. *Man and Woman He Created Them: A Theology of the Body.* Boston: Pauline Books and Media.
5. Juan Pablo II. 1993. *Veritatis Splendor.* www.vatican.va.
6. Congregación para la doctrina de la fe. 1987. Instrucción sobre el respeto de la vida humana naciente y la dignidad de la procreación: respuestas específicas a los problemas planteados (*Donum Vitae*). www.vatican.va.
7. Juan Pablo II. 1995. Encíclica sobre el valor y el carácter inviolable de la vida humana (*Evangelium Vitae*). www.vatican.va.
8. Congregación para la doctrina de la fe. 2008. La dignidad de una persona (*Dignitas Personae*). www.usccb.org/comm/Dignitaspersonae/index.shtml.
9. Latz LJ and Reiner E. 1942. Further studies on the sterile and fertile periods in women. *American Journal of Obstetrics and Gynecology,* 43:74–79.
10. VandeVusse L, Hanson L, Fehring RJ, et al. 2003. Couples' Views of the Effects of Natural Family Planning on Marital Dynamics. *Journal of Nursing Scholarship,* 35:2, 171–176.

3

MÉTODOS DE LA PFN

La Conferencia de Obispos Católicos de los Estados Unidos define la PFN de esta manera:

Métodos para lograr y evitar los embarazos...basados en la observancia de las señales y los síntomas naturales de los períodos fértiles e infértiles del ciclo menstrual.

Las parejas que usan métodos naturales de planificación para evitar el embarazo se abstienen de tener relaciones conyugales y contacto genital durante el período fértil del ciclo de la mujer. No se usan drogas, dispositivos artificiales ni procedimientos quirúrgicos para evitar el embarazo.

La PFN refleja la dignidad de la persona humana en el contexto del matrimonio y la vida de familia, y promueve la aceptación de la vida y el regalo de un hijo o una hija. Al complementar la naturaleza del matrimonio de dar amor y vida, la PFN puede enriquecer la unión entre los cónyuges.[1]

Si los cónyuges están tratando de evitar la concepción, ellos tienen que abstenerse de tener relaciones sexuales durante el período fértil. Por esto es que a veces se dice que la PFN es *la abstinencia periódica.* Otros términos incluyen *la conciencia de la fertilidad* y *la apreciación de la fertilidad.*

Pero la PFN es algo más que sólo un examen de indicaciones biológicas. La PFN es saber cómo vivir con la fertilidad. Cuando se usa adecuadamente, los cónyuges *comparten* la responsabilidad de vivir con la fertilidad de ambas personas. La PFN es una manera sana y total de planificar los hijos.

Otro beneficio es que las mujeres que llevan cuenta de sus ciclos menstruales encuentran que es más fácil estar al tanto de su salud y detectar problemas.

Anatomía Femenina

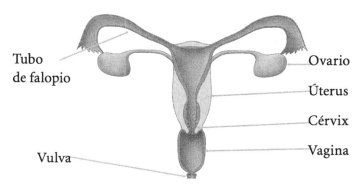

Tubo de falopio

Vulva

Ovario

Úterus

Cérvix

Vagina

Señales de fertilidad

Un ciclo menstrual normal sucede entre veintiún y treinta y cinco días y tiene tres fases: *la folicular, la ovulación y la lútea.* Todos los métodos de la PFN tienen que ver con la identificación de estas tres fases y el uso de la información obtenida para evitar o lograr el embarazo.

El hombre típico siempre es fértil. Los espermatozoides pueden sobrevivir en el cuerpo de una mujer hasta por cinco días, por lo que se le considera fértil antes de la ovulación. La ovulación ocurre típicamente de nueve a diecisiete días antes del período menstrual, y el óvulo puede vivir entre doce y veinticuatro horas después de la ovulación.

Varios días antes de la ovulación, el estrógeno hace que el cérvix de una mujer produzca una sustancia mucosa, gomosa y transparente (como la clara del huevo) que sostiene la vida de los espermatozoides al canalizarlos hacia el útero. Los espermatozoides, si son de buena calidad, pueden vivir de tres a cinco días en la sustancia mucosa.

Un aumento de la hormona lútea hace que el ovario suelte un óvulo (ovulación) como también la hormona progesterona, que eleva la temperatura del cuerpo de la mujer por cerca de medio grado Fahrenheit y hace que el moco cervical se espese.

A no ser que el óvulo se fertilice, el mismo muere entre doce y veinticuatro horas después de la ovulación. Por lo tanto, el período de fertilidad es de más o menos seis días.

Algunas mujeres tienen ciclos menstruales irregulares, lo que significa que los ciclos varían en su duración por más de dos semanas. Por ejemplo, puede que un ciclo sea de veintiún días y el próximo ocurra más de treinta y cinco días después. A menudo se consideran irregulares los ciclos que ocurren más de cuarenta y dos días entre uno y otro. Un ciclo menstrual que varía por unos cuantos días es algo muy común y se considera normal. Cualquier mujer puede usar la PFN sin importar cuan irregular sean sus ciclos. Ella puede llevar la cuenta de las señales de su fertilidad cuando está amamantando al igual que en otras ocasiones cuando los ciclos típicamente son irregulares (por ejemplo, cerca de la menopausia).

Métodos de la PFN de índice simple

En el método de la *ovulación,* el de *dos días* y en el del *calendario* la cuenta de la fertilidad se lleva sólo observando una cosa.

EL MÉTODO DE LA OVULACIÓN

Varias versiones de este método, que requieren un monitorizar y llevar una cuenta diaria del moco cervical, se enseñan en los Estados Unidos: el *Método de ovulación Billings,* el *Modelo Creighton* y *Family of the Americas Method* .

El Método de ovulación Billings (MOB)

Este método, que se introdujo en la década de los 60, cuenta con que la mujer esté consciente de las sensaciones en la vulva y que se auto-examine para detectar el cambio en el moco cervical durante el ciclo menstrual.

Después del período menstrual, a un cierto número indeterminado de días "secos" cuando no se puede detectar ninguna mucosidad le sigue una sensación detectable que va en aumento y un aumento en la cantidad de mucosidad. Unos días más tarde, la cantidad de mucosidad aumenta considerablemente, siendo más aguada y resbaladiza. La cantidad de mucosidad alcanza el punto máximo justamente antes o en el momento de la ovulación. Se anotan estos cambios a diario en una tabla gráfica especial.

El método se enseña en dos clases, con citas cada dos o tres semanas después mientras que las parejas adquieren más confianza para usar la tabla gráfica y el método. Las mujeres pueden aprender el método con gran rapidez. En un estudio de cinco países que la *Organización mundial de la salud*[2] apoyó, el 94 por ciento de las mujeres pudieron detectar cambios en el moco cervical después de experimentar tres ciclos de enseñanza. Después de sólo un ciclo de enseñanza, el 91 por ciento de las mujeres recibió una calificación buena o excelente en su entendimiento del método.

El método originalmente recibió el nombre de Método de ovulación. La *Organización mundial de la salud* le añadió el nombre "Billings" para identificar el método como uno que usa el formato y los materiales originales desarrollados por los doctores australianos John y Lyn Billings.

El MOB se enseña por todo el mundo. Quienes lo enseñan tienen que asistir a talleres de entrenamiento y completar una práctica supervisada de por lo menos seis meses. No tienen que ser profesionales médicos. El curso satisface las normas diocesanas de desarrollo y la Conferencia de Obispos Católicos de los Estados Unidos lo aprueba.

El Modelo Creighton de fertilidad (MCr)

El Dr. Thomas Hilgers introdujo este método en 1970. El MCr les enseña a las mujeres a monitorizar el moco cervical para estar al tanto de su salud reproductiva e identificar períodos de fertilidad e infertilidad. Aunque el Dr. Hilgers lo describe como una estandarización del MOB, la técnica de monitorizar el moco cervical, la clase de tabla gráfica y la manera de llevarla son distintas. El método se enseña en nueve sesiones—una introductoria y ocho que le siguen—a lo largo del primer año de su uso.

Las personas que enseñan el MCr, a quienes se les conoce como practicantes de Fertility*Care*, asisten a un programa de entrenamiento de trece meses. Estas personas no tienen que ser profesionales médicos, aunque muchas de ellas lo son. El MCr se enseña principalmente en países donde se habla inglés: Estados Unidos, Irlanda y Australia, pero hay una versión disponible en español. El curso de entrenamiento para quienes lo van a enseñar satisface las normas diocesanas de desarrollo y la Conferencia de Obispos Católicos de los Estados Unidos lo aprueba.

El Método de la familia de las Américas (FAF)

Este método simplificado se basa en el método Billings. La tabla gráfica contiene fotos y colores naturales, por ejemplo, el marrón para indicar la infertilidad, en vez del verde que el método Billings usa. La humedad (fertilidad) se representa con una ilustración de gotas de lluvia.

El método FAF se enseña por todo el mundo y se ha traducido a veintiún idiomas. Las personas que lo enseñan no tienen que ser profesionales médicos. Estas personas asisten a un programa de entrenamiento de un mínimo de seis meses y completan una práctica supervisada de por lo menos seis meses. El curso de entrenamiento para quienes lo van a enseñar satisface las normas diocesanas de desarrollo y la Conferencia de Obispos Católicos de los Estados Unidos lo aprueba.

EL MÉTODO DE LOS DOS DÍAS

En este método, la secreción cervical se monitoriza a diario. Si hay mucosidad el día que se chequea *o* si la hubo el anterior, la mujer se considera fértil. Si la mucosidad no está presente *ni* ese día *ni* la estuvo en el anterior, ella se considera infértil. Este método es muy fácil de usar y de enseñar. Sólo se requiere una sesión para aprenderlo de alguien que lo enseña. A veces, por ejemplo, cuando una mujer está amamantando a su bebé, el método tiene sus limitaciones.

MÉTODOS BASADOS EN EL CALENDARIO

El Método de días fijos (DF)

Una variación del método del calendario/ritmo, DF sólo es para mujeres que tienen ciclos menstruales regulares de veintiséis a treinta y dos días solamente. La mujer usa el Collar del ciclo, un hilo con cuentas codificadas por colores que representan los días fértiles e infértiles. Así la mujer puede tener o evitar las relaciones sexuales los días fértiles (del ocho al diecinueve), dependiendo de si la pareja está tratando de concebir o no.

Este método se aprende rápidamente y no requiere que la mujer sepa leer o escribir. El *Institute of Reproductive Health* de la Universidad de Georgetown diseñó e investigó este método y lo puso a prueba en varios países del tercer mundo.

Métodos de la PFN de índice múltiple

En el método *sintotérmico* y en el de *monitorizar las hormonas*, se lleva la cuenta de la fertilidad al observar más de un factor.

EL MÉTODO SINTOTÉRMICO

Las primeras señales de fertilidad que se observan en este método son *la temperatura basal del cuerpo (TBC)*, *el moco cervical* y *los cálculos basados en el calendario*. Las señales secundarias incluyen un cambio en *la posición del cuello uterino*, sensibilidad en los senos, hinchazón de las glándulas linfáticas en la ingle, dolor abdominal y/o hinchazón de la vulva. Cuando las señales primarias de fertilidad se anotan en una tabla gráfica, estas señales secundarias se anotan y se usan para determinar que la mujer está ovulando.

Una mujer que practica el estar consciente de su fertilidad basándose en síntomas de la misma puede optar por observar una o varias señales. El enfoque más común es el de combinar la observación del moco cervical con los patrones de la temperatura basal del cuerpo.

El método sintotérmico hace hincapié en la relación entre la temperatura basal del cuerpo y la presencia del moco cervical. La temperatura basal del cuerpo se toma todas las mañanas inmediatamente al levantarse y aproximadamente a la misma hora. La temperatura se mantiene baja antes de la ovulación, cuando generalmente aumenta por 0.5 a 1.0 grado Fahrenheit. Cuando la temperatura se mantiene elevada por tres días seguidos, la fase fértil del ciclo ya terminó. Monitorizar más de una señal biológica sirve como un comprobante doble del comienzo, del punto máximo y del final del período fértil.

Debido a problemas con el mercurio en los termómetros tradicionales, la temperatura basal se toma mejor con termómetros digitales. Los termómetros electrónicos sofisticados como el *Baby-Comp* y el *Lady-Comp* graban electrónicamente la temperatura basal del cuerpo y el ritmo basado en el calendario para identificar los días infértiles y los fértiles del ciclo menstrual.

El método sintotérmico se enseña en varios formatos en los Estados Unidos. Dos ejemplos son *Couple to Couple League* y *Northwest Family Services*. Las parejas asisten a dos o tres sesiones de entrenamiento y se mantienen en contacto hasta que se sienten capaces de poder llevar la tabla gráfica de las señales de su fertilidad. Las personas que lo enseñan no tienen que ser profesionales médicos. En general estas personas que enseñan el método asisten a un programa de entrenamiento, pasan un número determinado de horas de estudio individual, pasan un examen y completan una práctica supervisada de por lo menos seis meses durante los cuales enseñan a un número determinado de parejas.

EL MÉTODO DE MONITORIZAR LAS HORMONAS

Los monitores electrónicos de fertilidad se introdujeron en la década de los 90. El monitor que se vende hoy día en los Estados Unidos es el *Clearblue Easy Fertility Monitor*, un dispositivo electrónico de mano que usa unas tiritas de papel desechables. Una mujer moja la tira de papel que se encuentra en el extremo con parte de la primera orina de la mañana. Ella pone la tira en la ranura del monitor, el cual "lee" el nivel de estrógeno y la lutropina (HL—la hormona que hace que el ovario suelte un huevo).

El monitor indica tres niveles de fertilidad: baja, alta y pico. La fase fértil empieza cuando el nivel del estrógeno aumenta (fertilidad alta). La fase fértil termina tres días después del nivel más alto de lutropina (fertilidad pico).

En los Estados Unidos, se ha aprobado el uso del *Clearblue Easy Fertility Monitor* cuando se está tratando de concebir. Sin embargo, cuando muchas parejas lo han usado "al reverso", las mismas han evitado el embarazo. Cuando se usa para evitar el embarazo, ciertas características se aprenden mejor de alguien que enseña la PFN.[3]

El Método Marquette

Desarrollado en 1999, este método incorpora el uso de todas las señales principales de fertilidad. Se instruye a las parejas en el uso de la observación del moco cervical, las medidas del Método Billings y el *Clearblue Easy Fertility Monitor*. Las parejas escogen qué señales desean usar, y muchas escogen una combinación del moco cervical y el monitor de fertilidad. Otras escogen usar todas las señales y otras sólo usan el monitor. En las clases se les dan a las parejas las tablas gráficas que corresponden con su opción. Se han desarrollado adaptaciones para el uso del monitor durante la lactancia y los períodos menstruales de mucha duración.

El Método Marquette se enseña en dos o tres sesiones con más instrucción privada hasta que las parejas se sientan más confiadas. El método sólo lo pueden enseñar enfermeros/as, doctores/as entrenados en un curso a nivel graduado o de educación continua en la Facultad de Enfermería en la Universidad de Marquette o en la Universidad de St. Louis. A las clases le sigue un examen y un mínimo de una práctica por seis meses. El curso de entrenamiento para quienes lo van a enseñar satisface las normas diocesanas de desarrollo y la Conferencia de Obispos Católicos de los Estados Unidos lo aprueba.

La PFN durante la lactancia

La ayuda de alguien que enseña la PFN durante la lactancia es importante porque puede que la mujer no tenga períodos menstruales y se dificulta la interpretación de las señales de fertilidad. El regreso de la fertilidad se asocia con

- la lactancia menos frecuente;
- la añadidura de otras comida a la dieta del bebé;
- la succión del bebé disminuye
- el bebé duerme toda la noche y
- la ansiedad, el estrés o la enfermedad.

EL MÉTODO DE AMENORREA DE LA LACTANCIA (MELA)

Este método de evitar el embarazo se basa en la infertilidad natural que ocurre después de dar a luz cuando una mujer está amamantando plenamente a su bebé y todavía no tiene su período menstrual. En estas circunstancias, el MELA es entre 98 y 99.5 por ciento eficaz durante los primeros seis meses después de dar a luz[4]:

- La lactancia es la única (o casi la única) fuente de alimentación del bebé.
- El bebé se amamanta por lo menos cada cuatro horas durante el día y por lo menos cada seis horas por la noche.
- El bebé tiene menos de seis meses.
- Los períodos menstruales no han comenzado.

La elección de un método

Mientras que la PFN se puede aprender de un libro, las parejas se beneficiarán más tomando un curso (por computadora o en persona) que ofrezca instrucción adicional con alguien que enseña la PFN. La eficacia de la PFN está relacionada con la experiencia de la pareja, con quien enseña y con la manera como se entiende el método.

La elección de un método de la PFN depende en parte de lo que se ofrece en un lugar. La Conferencia de Obispos Católicos de los Estados Unidos, *United States Conference of Catholic Bishops* (USCCB) tiene una lista extensa de coordinadores de la PFN y una lista, por estados, de oficinas que tratan de la vida familiar. Además, un sitio WEB tiene una lista de un directorio de la PFN de personas que enseñan el método y de profesionales médicos (ver la página 47).

El precio de las clases varía de acuerdo al método. Los seguros médicos cubren muchas de ellas, especialmente si algún profesional médico la enseña. Por esto, la pareja debe chequear con su seguro médico antes de escoger a la persona que va a enseñarle el método.

Llevar la cuenta de la PFN con una gráfica es muy útil para monitorizar la salud de una mujer. Puede que las mujeres con ciclos irregulares, síndrome premenstrual o cualquier otra condición ginecológica quieran escoger a un/a maestro/a que sea un profesional médico y que sepa cuáles de los proveedores de cuidado médico local usan las gráficas y apoyan la PFN. Doctores, enfermeros/as profesionales y los asistentes médicos profesionales pueden usar las gráficas de la fertilidad como la base para una investigación adicional.

La PFN y los métodos para estar conscientes de la fertilidad (FAM) no son una misma cosa. Algunos FAM se anuncian como "contracepción natural" o usan la conciencia de la fertilidad para identificar los períodos fértiles y entonces recomiendan el uso de un método de barrera (un condón o un diafragma) durante el período fértil. La base filosófica de la PFN es muy diferente.

La elección de un profesional médico

Las parejas que usan la PFN aprecian el tener un profesional médico que respeta la PFN y que puede leer e interpretar las gráficas. En algunas áreas hay un número de doctores/as y enfermeros/as que están bien educados sobre la PFN. Antes de tener un examen por infertilidad o un embarazo, puede que una pareja quiera discutir lo que el/la maestro/a sabe y el uso de las gráficas, como también las actitudes básicas que se relacionan con la vida y la dignidad del ser humano.

Es importante que las parejas hagan esto antes de tener los exámenes médicos. Moralmente, algunos exámenes y procedimientos no son aceptables—la tecnología médica debe apoyar el matrimonio, no el matrimonio la tecnología. Además, es muy difícil cuando una pareja entabla una relación con un profesional médico y más tarde descubre que esa persona no apoya un enfoque católico en asuntos relacionados con la vida.

Notas

1. United Stated Conference of Catholic Bishops. 2001. "Standards for Diocesan Natural Family Planning Ministry", p. 23. www.usccb. org/prolife/issues/nfp/Standards--USCCBBooklet.pdf. Usado con permiso. Derechos reservados.

2. Organización mundial de la salud. 1981. Task Force on Methods for the Determination of the Fertile Period, Special Programme of Research, Development and Research Training in Human Reproduction, "A Prospective Multicentre Trial of the Ovulation Method of Natural Family Planning, I, The Teaching Phase". *Fertility and Sterility*, 36:152-158.

3. Behre HM, Kuhlage J, Gassner C, et al. 2000. Prediction of ovulation by urinary hormone measurements with the home use ClearPlan® Fertility Monitor: Comparison with transvaginal ultrasound scans and serum hormone measurements. *Human Reproduction*, 15:2478–2482.

4. Kennedy KI and Trussell J. 2007. "Postpartum Contraception and Lactation". En: Hatcher RA, Trussell J, Nelson A, et al. *Contraceptive Technology*, Nineteenth Revised Edition. New York: Ardent Media, 403–409.

4

LA ANTICONCEPCIÓN
ARTIFICIAL Y
LA ESTERILIZACIÓN

Debido a que soy enfermera profesional, he encontrado a muchas parejas católicas que usan o quieren usar anticonceptivos a pesar de la enseñanza clara y constante de la Iglesia que dice que interferir con el resultado natural de las relaciones sexuales es un pecado grave. Una vez que optan por hacer esto, a menudo sólo se concentran en los resultados—evitar el embarazo—y no saben cómo funcionan los contraceptivos. Por ejemplo, no comprenden que en vez de prevenir el embarazo, algunos métodos causan un aborto prematuro.

Por ser también una persona que enseña la PFN, he encontrado a muchas parejas que ya están usando contraceptivos—parejas católicas y no católicas—que se sorprenden al enterarse de lo que nunca nadie les dijo y que ahora se arrepienten de no haber preguntado.

Una pareja, un ministro protestante y su esposa, había usado una variedad de anticonceptivos: implantes hormonales e inyecciones, condones, diafragmas y contraceptivos orales. Ellos cambiaron de método porque adquirieron conciencia de cómo afectaban su salud, sus efectos secundarios o la inconveniencia. Al rezar y obtener más información, concluyeron que la PFN era lo que encajaba mejor en su relación con Dios y su relación mutua.

Llevaban alrededor de doce años de casados cuando los conocí y les enseñé la PFN. Cuando nos reunimos para tener la tercera y última clase, la esposa confesó que la PFN había cambiado considerablemente su matrimonio. Ella había aprendido que las demostraciones de cariño de su esposo durante los períodos de abstinencia eran sólo eso—cariño y afecto. Ella no se sentía usada como cuando había sentido (temido) que cada abrazo expresaba su deseo por tener relaciones sexuales. Ella ya no sentía que era "un objeto".

Estar informados acerca de los efectos que una sustancia tiene en nuestros cuerpos, en nuestra fertilidad y en nuestras relaciones afecta la manera como tomamos decisiones. Esta pareja dijo que le hubiera gustado saber acerca de la PFN cuando se casaron.

Al leer la información que sigue, piensen no sólo en cómo el anticonceptivo trabaja, sino cómo pueden afectar el cuerpo y la relación.

Los anticonceptivos artificiales están en dos categorías: *químicos* y *mecánicos*. Estos métodos dependen de los aspectos fisiológicos del proceso de reproducción al prevenir la unión de un espermatozoide y el óvulo. La mayor parte del esfuerzo en esta área ha sido para interferir con los procesos de reproducción de la mujer, aunque se están probando las píldoras que bloquean la producción de espermatozoides.

Anticonceptivos orales combinados (química/hormonal)

La píldora anticonceptiva oral (ACO) contiene un *estrógeno* sintético y un *progestágeno* sintético (Heffner, 2001).[1] El progestágeno, una hormona sintética, es diferente de la progesterona, una hormona natural. De hecho, donde la progesterona es una hormona que se produce antes del embarazo y enriquece las paredes del útero, el progestágeno disminuye tanto el espesor de las paredes del útero que el óvulo fertilizado no puede adherirse. En efecto, esto es un aborto prematuro.

Las combinaciones también se encuentran en el parche transdérmico y en los anillos vaginales. Todas las combinaciones evitan el embarazo al

- reprimir la ovulación (pero no siempre—especialmente con una fórmula de una dosis baja);
- disminuir el movimiento del óvulo por las trompas de Falopio;
- disminuir el espesor de las paredes del útero para que el óvulo fertilizado no se pueda adherir (aborto prematuro); y
- reprimir las células del cérvix para que el moco se espese mucho y los espermatozoides no puedan penetrarlo.

Anticonceptivos orales (ACO)

Los ACO se aprobaron para su uso en los Estados Unidos en 1959. Las formulaciones originales contenían 200 mcg de estrógeno sintético. Para la década de los 70, la dosis había bajado a 35-50 mcg de estrógeno, y las formulaciones de hoy típicamente contienen de 15-35 mcg. Muchas mujeres murieron de ataques al corazón, coágulos sanguíneos y derrames cerebrales con las primeras formulaciones, pero la dosis actual es mucho más segura. Sin embargo, se sabe que el estrógeno es algo que causa el cáncer.

No se recomienda el uso de los ACO para las mujeres que fuman o que son propensas a sufrir de coágulos sanguíneos, trombosis venosa profunda (TVP), derrames cerebrales, ataques al corazón, enfermedades de la vesícula, problemas del hígado, diabetes, migrañas, presión arterial alta y un historial familiar de cáncer del seno, especialmente en una madre, hermana, tía o abuela. Los ACO también se asocian con un aumento de cáncer del seno antes de la menopausia, especialmente cuando se usaron antes de la primera fase del embarazo de una mujer.[2]

Originalmente, se suponía que los ACO se tomaran por tres semanas y entonces se toma una semana de placebos para imitar el ciclo natural de una mujer y permitirle tener un ciclo menstrual. En 2005 esta práctica se cuestionó, y la *United States Food and Drug Administration (FDA)* aprobó el ciclo extendido de los ACO. El ciclo extendido de los ACO se puede tomar continuamente por tres meses, seguido por una semana sin tomarlo para permitir la menstruación.

Hoy días se están desarrollando los ACO que van a eliminar los ciclos menstruales del todo. La *Society for Menstrual Cycle Research* mantiene que este uso de los ACO no ha pasado por suficientes estudios de investigación para justificarlo como una opción de por vida (lo contrario de su uso por ciertas condiciones médicas). En su literatura de promoción, este grupo también critica lo que interpreta como una descripción negativa de los ciclos menstruales normales.[3]

El anillo vaginal

El anillo vaginal, aprobado para su uso en 2001, es otra forma de combinar el estrógeno y el progestágeno. La mujer coloca el anillo en su vagina, lo usa por tres semanas y entonces lo bota. La mujer se pone un anillo nuevo después de una semana de descanso sin usarlo para poder tener la menstruación. Los efectos secundarios son similares a los de los ACO.

El anillo no se recomienda para mujeres que tienen irritaciones vaginales frecuentes o infecciones. El uso del anillo también es indeseable y peligroso en mujeres que fuman o que tienen un historial médico de coágulos sanguíneos, trombosis venosa profunda (TVP), derrames cerebrales, ataques al corazón, enfermedades de la vesícula, problemas del hígado, diabetes, migrañas, presión arterial alta, y un historial familiar de cáncer del seno, especialmente en una madre, hermana, tía o abuela.[4,5]

El parche transdérmico

El parche transdérmico se usa por tres semanas consecutivas y se quita por una semana para tener la menstruación. En 2005 la FDA aprobó la revisión de la etiqueta del producto para advertirles a las mujeres que el producto las exponía a altos niveles de estrógeno. En general, eso puede significar una mayor incidencia de coágulos sanguíneos. El parche NO es tan efectivo si la mujer pesa más de 198 libras.

Sólo con progestágeno

También están disponibles los ACO, las hormonas inyectables, los implantes subcutáneos (inmediatamente debajo de la piel) y los dispositivos, sistemas o contraceptivos intrauterinos (DIU, SIU, CIU) que sólo tienen progestágeno.

Los ACO

El ACO que sólo tiene progestágeno, al cual se le conoce como minipíldora, evita el aumento repentino de la hormona luteinizante en algunas mujeres y por lo tanto, la ovulación. También espesa el moco cervical para evitar que los espermatozoides lleguen al útero, y afecta las paredes del útero para que el óvulo fertilizado no se pueda implantar. Los efectos después de la fertilización preocupan más a los profesionales médicos y a las mujeres que consideran que estos efectos resultan en un aborto prematuro.

Hormonas inyectables

Depro Provera (acetato de medroxiprogesterona; DMPA) es la marca comercial de un progestágeno que la FDA aprobó en1992 como un anticonceptivo inyectable. La inyección se pone cada tres meses y durante los cinco días anteriores al ciclo menstrual. La droga impide principalmente la ovulación, pero también afecta las paredes del útero.

Las mujeres que no pueden tomar estrógeno o que requieren medicamentos para las convulsiones pueden usar DMPA. La droga es bastante fuerte, y mientras que no afecta permanentemente la fertilidad, después que una mujer deja de usarla, puede que los ciclos menstruales se demoren unos meses en volver a la normalidad de antes de tomar la droga. Las irregularidades menstruales o la ausencia del ciclo menstrual son los efectos secundarios principales. Otros efectos secundarios incluyen el aumento de peso, cambios emocionales, una reducción del deseo sexual y dolores de cabeza.

Implantes

Hoy día, en los Estados Unidos sólo se puede obtener un tipo de contraceptivo que se implanta subcutáneamente: *Implanon* (etonogestrel), un contraceptivo hormonal en forma de una barrita estrecha que se implanta y que es efectiva hasta por tres años. La FDA lo aprobó en 2006. La versión de seis barritas, de marca Norplant (levonorgestrel) se dejó de vender en 2002.

Puede prevenir el embarazo al suprimir la ovulación en algunas mujeres, pero también espesa el moco cervical para impedir que los espermatozoides lleguen al útero. También afecta las paredes del útero para que el óvulo no se pueda adherir (aborto prematuro).

OTROS USOS Y LA VERDADERA ASISTENCIA MÉDICA PARA LAS MUJERES

Los ACO no son intrínsicamente malos, pero cuando se usan como un contraceptivo, los cónyuges están rechazando intencionalmente el don de la fertilidad que Dios les da. Además de esto, pensemos en la acción química de los anticonceptivos hormonales que causan el aborto y la pérdida de la vida humana.

Se ha dicho que los ACO causan beneficios que no son anticonceptivos. De hecho, los ACO pueden *controlar* una variedad de síntomas, pero los mismos *no* curan las enfermedades. El verdadero y único uso para la contracepción hormonal es sólo eso: la contracepción.

Un número de condiciones ginecológicas que se puede tratar con un ACO también se puede tratar con terapia hormonal o con otras medicinas. Mientras que se puede recomendar un ACO para controlar algunas condiciones ginecológicas, la mujer o la pareja debe discutir alternativas con un profesional médico o con alguien en el campo de la ginecología.

Consideren a una jovencita que sufre de acné. Se ha aprobado el uso de un ACO para combatir el acné, pero no se les ofrece a los muchachos. A ellos se les ofrece otro tipo de terapia. Puede que las mujeres y los padres de jovencitas quieran explorar esas opciones. En nuestra sociedad permisiva en cuanto al sexo, algunos profesionales médicos piensan que el ACO va a tratar el acné y prevenir el embarazo sin tomar en cuenta los otros impactos sociales, sicológicos y físicos de un ACO en una jovencita.

Se les aconseja a muchas mujeres que el ACO es el tratamiento preferido para los ciclos menstruales irregulares, y las mismas experimentan un conflicto entre el uso del ACO y hacer lo que consideran es lo moral. En vez de sólo controlar los ciclos con los ACO, quienes les ofrecen una verdadera asistencia de salud a las mujeres diagnostican la razón de los ciclos menstruales irregulares.

Los ACO también se asocian con una reducción del cáncer endometrial o de los ovarios, pero lo mismo sucede con el embarazo.

Los efectos secundarios

Los efectos secundarios de los ACO pueden ser numerosos y variados. Se han escrito libros para aconsejar a los profesionales médicos en cuanto a cuál ACO recetarles a sus pacientes si están experimentando efectos secundarios por el uso de otro ACO.

El estrógeno, el progestágeno o ambos pueden causar los efectos secundarios. Los efectos del estrógeno pueden ser las nauseas, la sensibilidad en los senos y la retención de líquidos. El efecto secundario más común del progestágeno es la irregularidad en el sangrado.

Muchas mujeres se quejan de cambios emocionales y de síntomas de depresión causados por las dos hormonas. La interferencia de los ACO en la absorción de la vitamina B$_6$ puede ser la causa de parte de esto.[6]

El deseo sexual disminuye en algunas mujeres que usan los ACO. Los investigadores publicaron un estudio que medía la hormona sexual—la globulina ligadora de hormonas sexuales (SHBG) antes y después de descontinuar el uso de un ACO. Las mujeres que sufren de disfunciones sexuales que habían usado los ACO tenían unos niveles altos de SHBG. Hasta después de descontinuar el uso del ACO, el nivel de SHBG no disminuyó a los mismos niveles de los de las mujeres que nunca lo habían usado. La elevación crónica en las hormonas sexuales—los niveles de la globulina ligadora puede poner a las mujeres que usan los ACO en peligro de sufrir problemas de salud, incluyendo las disfunciones sexuales.

LOS ANTICONCEPTIVOS DE EMERGENCIA

Las píldoras anticonceptivas de emergencia, también conocidas como la píldora del día después, previenen la ovulación o la fertilización y posiblemente hasta trabajan después de la fertilización para prevenir que el óvulo (al que también se le llama embrión o zigoto) se adhiera en el útero. Médica y legalmente estas píldoras se consideran como formas de contracepción porque trabajan antes de la implantación. Si el óvulo ha sido fertilizado, las píldoras causan un aborto prematuro. La comunidad científica ha debatido mucho este asunto.

ESPERMICIDAS

Un espermicida previene el embarazo al matar los espermatozoides. Los espermicidas—espumas, cremas, jaleas y supositorios—se pueden comprar en las farmacias sin recetas médicas. Se introducen en la vagina antes de tener relaciones sexuales. Nonoxynol-9, el ingrediente principal en la mayoría de estos productos, puede irritar la vagina.

Anticonceptivos mecánicos

Estos dispositivos no químicos previenen el embarazo al evitar que los espermatozoides fertilicen el óvulo. Los DIU causan los abortos prematuros al prevenir que los óvulos fertilizados se adhieran en el útero.

CONDONES

El *condón masculino* es una cubierta delgada de látex, poliuretano o productos naturales que se coloca alrededor del pene erecto.

El *condón femenino* es una cubierta delgada y transparente que se pone en el interior de la vagina. Se tiene que colocar antes de tener relaciones sexuales y se tiene que quitar inmediatamente después.

EL DIAFRAGMA

Esta copa de goma flexible cubre el *cérvix* (la parte del útero que se abre a la vagina). El borde del diafragma contiene un muelle firme y flexible que lo mantiene en su lugar. El espermicida se pone dentro del diafragma antes de colocarse en la vagina. El diafragma evita el embarazo al prevenir que los espermatozoides entren en el cérvix. El espermicida mata o anula los espermatozoides. El diafragma se debe quitar veinticuatro horas después de tener relaciones sexuales.

Los diafragmas tienen que ser ajustados por un profesional médico para determinar el tipo y el tamaño adecuado y monitorizados si hay cambios de peso de más o menos diez libras, después de dar a luz o de tener una intervención quirúrgica de la pelvis. Las mujeres que usan diafragmas son más propensas a sufrir de infecciones de la orina y del síndrome de shock tóxico.

EL CAPUCHÓN CERVICAL

Es una copa de goma o de plástico profunda más pequeña que un diafragma y cubre ajustadamente el *cérvix* (la parte del útero que abre a la vagina). Se pone un espermicida dentro del capuchón antes de colocarlo en la vagina. El capuchón cervical evita el embarazo al prevenir que los espermatozoides entren en el cérvix. El espermicida mata los espermatozoides o los cancela. El capuchón cervical se puede colocar hasta seis horas antes de tener relaciones sexuales y se puede dejar hasta por cuarenta y ocho horas.

Una persona que tenga el entrenamiento específico tiene que ser quien determine el tamaño correcto del capuchón cervical que se necesita y se necesita monitorizarlo si hay cambios de peso de más o menos diez libras, después de dar a luz o de tener una intervención quirúrgica de la pelvis. Las mujeres que usan diafragmas son más propensas a sufrir de infecciones de la orina y del síndrome de shock tóxico.

DISPOSITIVOS INTRAUTERINOS (DIU)

Este anticonceptivo mecánico también puede ser hormonal. Un profesional médico debe colocarlo en el útero. Previene el embarazo debido a una combinación de factores. Uno de ellos es la irritación del revestimiento interior del útero y esto disminuye el movimiento de los tubos de Falopio.

Hay dos tipos disponibles: el *ParaGard* Copper-T, de polietileno con cobre en las mangas de cada brazo horizontal, se puede mantener en el útero por diez años. El cobre es una sustancia hostil para los espermatozoides. El *Mirena* es hormonal y libera una dosis diaria de 20 mcg de una hormona sintética llamada progestina hasta por cinco años.

Además de la acción mecánica que previene los embarazos, los DIU que contienen progestina espesan el moco cervical y previenen la ovulación. Cuando ocurre la concepción, el DIU puede causar un aborto prematuro. Puede que la mujer ni se dé cuenta de lo que pasa porque es muy similar a un período menstrual.

Al usar un DIU, los efectos secundarios comunes que disminuyen con el tiempo incluyen calambres y el sangrado. Las mujeres que usan los DIU corren un riesgo mayor de sufrir de infecciones de la pelvis, lo que puede causar la infertilidad.

Es interesante que en campañas publicitarias hoy día, los DIU (que los consumidores americanos consideran dañinos) a menudo se les conoce como un sistema intrauterino (SIU) o un contraceptivo intrauterino (CIU).

Otros métodos

Otros dos métodos que las parejas han usado que no son dignos de mucha confianza incluyen la retirada del pene (coito interrumpido) y un lavado vaginal después de tener relaciones sexuales.

Cualquier contacto genital durante el período fértil de una mujer puede resultar en un embarazo. Retirar el pene de la vagina justo antes de la eyaculación puede permitir que se depositen los espermatozoides y esto puede resultar en el embarazo. Una vez que viene la eyaculación, los espermatozoides sólo se demoran unos minutos para entrar en el cérvix y el útero. Un lavado vaginal no va a removerlos.

La esterilización

Algunas parejas no consideran que la esterilización es un anticonceptivo, pero es verdaderamente el rechazo total de la fertilidad. Casi todas las técnicas que se usan en las esterilizaciones alteran la anatomía normal que los espermatozoides y el óvulo usan para llegar al útero, alterando permanentemente órganos reproductivos sanos para interferir con el designio de Dios para la fertilidad.

La esterilización tubárica (ligar las trompas de Falopio) es una forma de esterilización permanente para la mujer. Las trompas se cortan y se sellan para que el óvulo no pueda llegar al útero. La esterilización tubárica puede afectar la producción de hormonas, la libido y el ciclo menstrual. El síndrome post ligadura tubárica (SPLT) resulta cuando la cantidad de sangre que va a los ovarios disminuye o se elimina, causando un declive rápido de los niveles de las hormonas estrógeno/progestágeno. También se asocian muchos síntomas de SPLT con la menopausia, con el shock hormonal o con la falta de balance del estrógeno/progestágeno.

Essure es el nombre de la marca de un método en el cual se depositan implantes de espirales pequeñísimos de metal en las trompas de Falopio de la mujer. Con el tiempo, se forma un tejido alrededor de los implantes y el mismo bloquea las trompas para que los espermatozoides no puedan llegar a los ovarios. A diferencia de la ligadura tubárica, no se requiere una operación, las trompas no se cortan y el resultado no es reversible. Si el embarazo ocurre después que se colocan los implantes, es muy probable que ocurra en las trompas (un embarazo ectópico).

La vasectomía es un procedimiento quirúrgico en el cual los conductos seminales (o deferentes) se cortan para obstruir el paso de los espermatozoides. Los espermatozoides producidos antes del procedimiento todavía están vivos y disponibles, así que el hombre sigue siendo fértil hasta que se acaben. Para la mayoría de los hombres, esto toma alrededor de tres meses.

El procedimiento quirúrgico se lleva a cabo en un centro quirúrgico donde el paciente sólo pasa unas horas y no se requiere la anestesia general. Sin embargo, pueden ocurrir unos cambios considerables y bastante duraderos, como reacciones autoinmunes al semen. Después de una vasectomía, la barrera testicular se rompe y de un 60 a un 70 por ciento de los hombres forman anticuerpos para el semen. Algunas veces esta reacción autoinmune produce dolor que se limita a los testículos o que se puede extender a otras partes del cuerpo. El *síndrome post-vasectomía,* una condición crónica y a veces debilitante, se puede desarrollar hasta varios años después de la vasectomía.[8-10]

El arrepentimiento es un efecto secundario común relacionado con toda clase de esterilización. Técnicas micro quirúrgicas costosas se usan para la reversión de la esterilización quirúrgica en hombres y mujeres. El éxito de este procedimiento varía mucho porque generalmente, la esterilización quirúrgica es permanente. El procedimiento Essure no es reversible.

La efectividad de los métodos de la planificación familiar

Los métodos que se han presentado hasta ahora tienen un índice de efectividad establecido. Pero estos índices pueden ser engañosos porque se basan en un uso en teoría o perfecto. El índice de eficacia se puede enfocar de dos maneras:

- *El índice del uso perfecto o del uso correcto*: el número de embarazos no planeados que ocurre cuando el método se usa con constancia y de acuerdo a las instrucciones.
- *El índice del uso típico*: la combinación del número de embarazos no planeados que ocurre cuando el método se sigue correctamente y cuando los usuarios no siempre siguen el método correctamente.

Existen varios problemas que son parte esencial de los estudios de la efectividad. El primero es que puede que la intención de una pareja no sea o evitar o lograr un embarazo. Algunas parejas sí han tomado su decisión final, mientras que otras aceptarían un embarazo, pero no están listas para decir "estamos tratando de tener un bebé". Éstas últimas usan el período de fertilidad a sabiendas o puede que se descuiden al seguir el método.

Ningún método, natural o artificial, es 100 por ciento eficaz para evitar la natalidad. La experiencia de la pareja y los conocimientos de quien enseña la PFN afectan la efectividad de la misma. Cuando las parejas comprenden los métodos y tienen la motivación para seguirlos, la PFN es de 95 a 99 por ciento eficaz en espaciar o limitar los embarazos.

Para las parejas que no siguen todas las reglas, entre dos y quince van a salir embarazadas en un año. Puede que este número sea mayor para las parejas a quienes se les dificulta discernir las señales de su fertilidad debido a que están amamantando o pasando por la peri menopausia.[11]

Notas

1. Dickey, Richard P. 2007. *Managing Contraceptive Pill Patients*, Thirteenth Edition. Dallas: EMIS, página 130.
2. Kahlenborn C, Modugno F, Potter DM, Severs WB. 2006. Oral Contraceptive Use As a Risk Factor for Premenopausal Breast Cancer: A Meta-Analysis. *Mayo Clinic Proceedings* (October), 81:1290–1302.
3. Society for Menstrual Cycle Research. 2007. Position Statement: "Menstruation Is Not a Disease." http://menstruationresearch.org/position/menstrual-suppression-new-2007/.
4. Kahlenborn et al.
5. Johansson EDB and Sitruk-Ware R. 2004. New delivery systems in contraception: Vaginal rings. *American Journal of Obstetrics and Gynecology*, 190:S54–S59.
6. Dickey.
7. Panzer CW, Sarah F, Gemma K, et al. 2006. Impact of oral contraceptives on sex hormone-binding globulin and androgen levels: a retrospective study in women with sexual dysfunction. *Journal of Sexual Medicine*, 3(1):104–113.
8. Nangia AK, Myles JL, Thomas AJ Jr. 2000. Vasectomy reversal for the post-vasectomy pain syndrome: a clinical and histological evaluation. *The Journal of Urology*, 164:1939-1942.
9. McMahon AJ, Buckley J, Taylor A, et al. 1992. Chronic testicular pain following a vasectomy. *British Journal of Urology*, 69(2):188–191.
10. Choe J and Kirkemo A. 1996. Questionnaire-based outcomes study of nononcological post-vasectomy complications. *The Journal of Urology*, 155(4):1284-1286.
11. Fehring R, Kitchen S, Shivanandan M. 1999. "An Introduction to Natural Family Planning." Washington, DC: Diocesan Development

Program for Natural Family Planning, United States Conference of Catholic Bishops. www.usccb.org/prolife/issues/nfp/intronfp.shtml#5.

RECURSOS

PFN en general
Instituto de Salud Reproductiva
www.irh.org/spanish/nfp.html

Almas: Sexualidad como Dios lo Planeó
www.almas.com.mx/almas/index.php

Oficina de Familia + Pro-Vida
Arquidiócesis de New York
http://flrl.org/Planificacion_Natural_Familia.htm

Información de la Conferencia
de los Obispos de Estados Unidos
www.usccb.org/prolife/issues/nfp/

El Método de monitorizar las hormonas (El Método Marquette)

Marquette University
http://nfp.marquette.edu/

Saint Louis University
www.slu.edu/x19845.xml

El método de la ovulación

La familia de las Américas
www.familyplanning.net

Pope Paul VI Institute for the Study of Human Reproduction (El Modelo Creighton de fertilidad)
www.popepaulvi.com

Método sintotérmico

Liga de Pareja a Pareja
www.planificacionfamiliar.net

CPSIA information can be obtained
at www.ICGtesting.com
Printed in the USA
LVOW04s0640231116

514166LV00001B/1/P